En couverture : L.T. Piver, *Gerbera.*

ISBN : 2-84113-016-9

Geneviève Fontan

la poudre c'est moi

LES BOÎTES À POUDRE
ESTIMATIONS ET RÉSULTATS D'ENCHÈRES

MILAN

Ce sont les Italiens fixés à Paris au début du XVIe siècle qui ont introduit la mode très contraignante d'agrémenter les coiffures d'une fine poudre d'amidon ou de farine de fève, parfumée, rousse ou jaunâtre. Sous la Régence elle devint « à frimas », c'est-à-dire blanche, puis disparaîtra sous l'Empire.

À partir de 1849, les mœurs s'affranchissent soudain et le Second Empire, époque de profonds changements sociaux et d'audaces imprévues, va ressusciter le maquillage féminin. Seul un léger voile de poudre colorée pouvait adoucir et harmoniser l'éclat des fards du visage. Ce fut d'abord de la poudre de talc que l'on remplaça rapidement par la très ancienne poudre d'amidon, additionnée de substances telles le sous nitrate de bismuth ou l'oxyde de zinc, destinées à en augmenter l'homogénéité et l'adhérence. Abandonnant le mot d'amidon aux repasseuses et aux pharmaciens, quelqu'un eut l'idée d'inventer un nom charmant, la poudre de riz.

Impalpable, parfumée, veloutée, satinée ou mate, colorée en plus de vingt nuances dont les noms ont perduré, la poudre de riz se déclinait tout au long de la journée : il y en avait pour l'hiver, l'été, le jour, le soir, le grand air, les lumières artificielles, pour les blondes, les brunes, les rousses, et à tous les prix. Beaucoup d'hommes en usaient afin de calmer les feux du rasage, ou pour donner à leur visage une pâleur mate de bon ton. Loin d'être un accessoire, elle constitua bientôt l'essentiel du maquillage féminin. C'est grâce à sa poudre à l'Origan que Coty put s'implanter aux États-Unis.

Au moment où les flacons sont encore tristement uniformes, les boîtes de poudre ont associé, dans un esprit romantique, classique ou baroque, la somptuosité des étiquettes polychromes aux formes les plus diverses, multipliant les matériaux d'aspect précieux. D'excellents ateliers tels ceux de Dupuis, de Seguin, de Devambez ou de Draeger ont atteint à la perfection. Mais il existe aussi une foule de boîtes populaires, amusantes, naïves ou aguicheuses.

Véritable marqueur culturel, la boîte de poudre suit, dans son extrême variété, l'étendue entière de l'échelle sociale, évolue avec les styles et s'adapte au caractère de chaque nation.

Il est grand temps qu'on lui accorde l'attention qu'elle mérite et qu'elle prenne enfin sa place, une des premières, parmi les objets de la parfumerie.

Georges VINDRY

• Guerlain, *Poudre C'est moi*

« Qui ne voit que l'usage de la poudre de riz (…) a pour but et pour résultat de faire disparaître du teint toutes les taches que la nature y a outrageusement semées et de créer une unité abstraite dans le grain et la couleur de la peau, qui rapproche immédiatement l'être humain de la statue, c'est-à-dire d'un être divin et supérieur. »

Baudelaire

• Roger & Gallet, *catalogue 1913*

De la poudre de riz parfumée au corylopsis du Japon, aux météorites multicolores en billes compactes découvertes par Guerlain, plus d'un siècle s'est écoulé. Un siècle où maîtres cartonniers et illustrateurs se sont ingéniés à produire de véritables merveilles à tel point que vides ou pleines, ceux qui en possédaient les ont gardées précieusement.

Circulaires, piriformes, quadrilobées, carrées dans leur assise, elles sont en carton, en fer blanc, chromées, en bois précieux ou encore en bakélite aux couleurs vives. Plus rares sont celles en porcelaine ou en verre.

La poudre à sachet, vendue au poids, était destinée à parfumer le linge et les vêtements, elle faisait l'objet d'un négoce non négligeable.

La boîte à poudre participait au lancement d'une ligne parfumée au même titre et dans le même souci de perfection que la savonnette et le parfum.

René Lalique en a créé de somptueuses en verre qu'il commercialisait lui-même au même titre que les flacons à parfum. Il a également conçu des boîtes pour des parfumeurs, tels que Roger & Gallet, Coty…

Pour élargir la vaste gamme du conditionnement, les grands magasins vendaient des bustes en porcelaine fine représentant des figurines posant dans des attitudes les plus diverses (planche **XX**). Ces ravissants sujets décorés à la main, très souvent signés, étaient commercialisés en pièces détachées pour être cousus sur des boîtes et habillés selon le goût des clientes. Le sujet servait de prise, il était fixé au centre de la zone ou servait tout simplement de prise pour la houppe de cygne.

• Roger & Gallet, *catalogue 1913*

Depuis Hérodote...

La poudre parfumée est vieille comme le monde.

Selon Hérodote, (Vᵉ siècle avant J.-C.), les femmes de Scynthie s'enduisaient le corps de bois odorants broyés sous une pierre raboteuse. Pline rapporte qu'on allait chercher la craie dans l'Île de Crète, d'où lui vient son nom, et que la céruse fabriquée à Pouzzole, grillée dans de bonnes conditions, était largement utilisée dans les compositions destinées à effacer les rides du visage.

La craie, le plâtre, les ocres, la perfide céruse, le vermillon étaient de bon ton chez les Romains. L'iris d'Illygie entrait dans la composition des poudres.

À l'époque d'Ovide, Juvénal et Martial, parfumeurs de renom, remplacent la farine à base de poudre de blé par l'amidon ou *amylum* dont le nom vient du grec *mulum euleseon* précédé du « a » privatif, ce qui signifie « poudre obtenue sans le secours de la meule ». D'après le même auteur, on mettait les grains de blé dans de l'eau que l'on renouvelait plusieurs fois par jour. Lorsqu'ils étaient bien ramollis, on pressait le produit dans un panier ou dans un linge, l'amidon se séparait ainsi du gluten. On l'étalait alors sur des toiles en le faisant sécher au soleil et dans un second temps on l'écrasait à la main en le triturant avec soin.

Juvénal relate que les matrones romaines utilisaient aussi le *lectorium*, qui était un enduit de chaux et de *lomentum*, pâte de farines de fèves et de riz, qui avait la propriété de donner un teint pâle au visage et d'effacer les rides.

Sous la Rome décadente, Martial, ironique et caustique, tourne en ridicule, dans une épigramme, les jeunes femmes trop fardées de son époque : « Que Fabulla au visage couvert de pluie appréhende une pluie d'orage, que Sabella dont la peau est enduite de céruse craigne le soleil ! »

Elius Lampriduius rapporte que l'infâme empereur Commode portait toujours une perruque poudrée avec de la raclure d'or : « *Capillo femper fucato et auri ramentis illuminato* ».

Capillus fucatus signifie ici une perruque et non des cheveux couverts ou chargés de fard, parce que cet historien remarque ensuite que Commode se brûlait lui-même les cheveux et la barbe, n'osant pas se les faire couper par des barbiers : « *Adurens coman et barbam timpore tonforis* ». Il était plus facile de faire tenir de la raclure d'or sur des cheveux après les avoir arrosés de parfums liquides et gluants auxquels elle s'attachait (Jean-Baptiste Thiers, *Histoire des Perruques*, 1777)

En Gaule on connaissait également l'usage de la poudre. Une stèle gallo-romaine montre une femme à sa toilette entourée de ses servantes dont l'une tient une houppe.

Les Gaulois inventèrent le tamis de crins de cheval qui facilitait la préparation de l'amidon.

Au Moyen Âge, le teint d'albâtre est un signe de raffinement. Lorsque la peau est trop colorée on la poudre de farine.

À la cour de Catherine de Médicis les teints pâles sont de rigueur. Les Italiens de la cour introduisent des raffinements dans la fabrication des préparations pour le visage. Les perles orientales, qui donnaient une base de poudre d'un blanc nacré, se préparaient « par défaillance », c'est-à-dire par déliquescence. Dans leurs prônes, les prédicateurs étaient amenés à prêcher l'abstinence pour les fards et crèmes dont étaient enduites les coquettes qui se rendaient à l'église « poudrées comme des meunières ».

À la Renaissance les fards sont très en vogue, et la belle Catherine Sforza donne le ton en nacrant son visage avec une poudre de perles broyées.

Sous le règne de Louis XIV où tout était espagnol à la cour, on utilisait le blanc d'Espagne et le rouge incarnadin ; le talc faisait l'objet d'une calcination à la flamme ou d'une préparation par défaillance et les perles orientales formaient la base d'un « blanc admirable » qui se plaçait au premier rang des cosmétiques destinés à modifier le teint. Un parfumeur parisien préparait encore dans les années 50 une poudre pour le visage à base de perles orientales.

Louis XIV raffolait des parfums et des poudres. Sous les auspices de son Premier ministre Daquin, monsieur de Blégny publia un ouvrage sur les *Secrets concernant la beauté.* On y trouve la préparation du Magister de Jupiter et du Magister de Saturne qui donnaient des blancs d'un grand éclat.

• L.T. Piver, *usine de fabrication des poudres de riz à Aubervilliers.*

Sous les règnes de Louis XV et Louis XVI, femmes, hommes et enfants étaient poudrés, la poudre faisant partie de la tenue militaire. On voit des abbés et des religieuses poudrés. Dans la capitale il n'y a pas de limite d'âge pour se poudrer, ce qui fit dire à Sébastien Mercier : « Il n'y a qu'à Paris où les femmes de soixante ans se poudrent comme à vingt. »

Dans la deuxième moitié du XVIIIe siècle, la presse commente et un encyclopédiste ironise en écrivant qu'avec la farine ainsi employée à Paris chaque jour, on nourrirait facilement dix mille infortunés.

Le talc ne fit pas grand tort à l'amidon de blé que l'on utilisait de plus en plus pendant la Révolution malgré les diatribes virulentes de Sébastien Mercier.

Quelques élégants montent à l'échafaud poudrés et les lèvres peintes.

Sous l'Empire, Joséphine de Beauharnais met au goût du jour des poudres parfumées à la vanille, à l'ambrette et à la mousseline des Indes, aux odeurs d'iris et d'épices exotiques.

Sous la Restauration, apparaissent les poudres de toilette obtenues avec du talc coloré présenté sous forme de tablettes ; ces préparations constituent les premiers essais de poudres compactes.

• Guerlain, *poudre Super Dulci*

En 1818, L.T. Piver qui exerçait sous l'enseigne *À la Reine des Fleurs* obtient le brevet d'importation de la poudre dite Serkis du Sérail.

Et c'est en 1829 que ce parfumeur obtient un brevet pour le Blanc de Neige.

À partir de 1850, la chimie augmente le nombre des bases. À cette époque les parfumeurs ignoraient bien souvent les lois élémentaires de la biologie et de la toxicologie et l'utilisation de ces produits non testés était parfois dangereuse.

On employait alors le sous-nitrate de bismuth ou blanc de perle, le carbonate de bismuth, plus dangereux encore que la céruse, le chlorure de mercure toxique, l'antipyrine pulvérisée et enfin la silice pulvérisée ou Kisselgur.

Si la silice est dépourvue de toute toxicité, il ne faut pas oublier que c'est un abrasif et qu'elle dilate les pores pour former de petites cavités disgracieuses apparentes à l'œil.

Le kaolin non lavé provoque les mêmes altérations épidermiques en raison de la présence de fines particules de silice et particulièrement les lamelles tranchantes de mica. C'est pourquoi on remplacera la silice ordinaire par des kaolins lavés ou colloïdaux.

Robert de Montesquieu raconte que l'impératrice Eugénie parut au carnaval de 1860 avec des cheveux poudrés d'or, grâce au parfumeur Houbigant qui était son fournisseur. C'est à la maréchale d'Aumont qu'une célèbre poudre doit son nom « à la Maréchale ».

Lola Montez, femme de théâtre célèbre, condamne au nom du ridicule, peintures et poudres dans son *Art de la Beauté* (1862). En particulier la poudre blanche que l'on applique alors avec une patte de lapin. Ce n'est que plus tard que viendra la houppe de cygne.

Dès la fin du XIXe siècle la poudre destinée à matifier le teint est le seul cosmétique autorisé aux femmes honnêtes. Le fard n'était utilisé que par les actrices et les demi-mondaines.

La maison Bourjois, fondée en 1863 est réputée pour ses fards de théâtre et sa poudre de riz avec en particulier la poudre de riz de Java et la poudre pressée Manon Lescault, deux célèbres poudres qui ont fait le tour du monde.

Dès 1920, les progrès de la chimie contribuent à mettre les produits de beauté à la portée de toutes les femmes.

Les poudres de riz sont pratiquement toutes à base de composés minéraux, elles sont destinées à protéger le visage contre les injures du temps, à rehausser l'éclat du teint, à enlever le brillant et à atténuer les rides ou les défauts de la peau.

Dans les années 50, la poudre de soie bouscule la tradition : on pulvérise la soie pour obtenir une poudre encore plus fine. Devenue une matière première utilisée dans la composition des produits de beauté elle fait l'unanimité et entre systématiquement dans la composition des poudres parfumées.

Boîtes à poudre, flacons à parfum cheminent ensemble depuis Hérodote. Ce sont les mêmes grands noms de la parfumerie qui illustrent aujourd'hui leurs étiquettes.

Une montagne de talc

Dès 1820-1830, des âniers ariégeois recueillaient les roches de talc qui affleuraient sur les flancs du pic Saint-Barthélémy pour les vendre aux droguistes toulousains. De Toulouse, le talc était réexpédié par le canal du Midi vers Sète et Bordeaux. Son coût élevé restreignait les débouchés qui se limitaient aux industries du luxe, en particulier parfumerie et couleurs fines.

Jacques Durand, peintre toulousain intrigué par cette pierre onctueuse, voulut en savoir plus et entama une filature des âniers qui le mena à Luzenac où se trouvaient les gisements du col de Trimouns.

Pour une somme modique, il devient propriétaire de la mine de talc qu'il exploite lui-même, acheminant sa production à Toulouse par charrettes. C'est ainsi qu'il s'enrichit très rapidement.

Vers 1888, le chemin de fer reliant Tarascon à Ax-les-Thermes permet d'acheminer le talc dans des conditions plus confortables. Il en résulte une extraction annuelle qui dépasse les 800 tonnes. Plus tard, la diversification des moyens de transport va permettre d'exploiter à une autre échelle ce gisement qui arrive à concurrencer les mines italiennes et autrichiennes jusqu'alors maîtres du marché européen. Devant un coût de revient devenu plus faible, le marché va s'élargir en particulier vers la papeterie, qui devient l'un des plus gros consommateurs. Quelques exploitations de talc se créent par la suite dans l'Ariège et les Pyrénées -Orientales, mais aujourd'hui, Talc de Luzenac est le seul producteur de talc français. Sa production dépasse les 300 000 tonnes. L'Ariège peut donc être légitimement fière de s'être acquis, par un produit de son sol, une prépondérance indiscutée sur les marchés mondiaux. L'emploi des minéraux blancs dans les arts et dans l'industrie est considérable et se chiffre aujourd'hui par millions de tonnes.

• TALC DE LUZENAC, *le site*

• TALC DE LUZENAC, *transport en char à bœufs*

La boîte à poudre

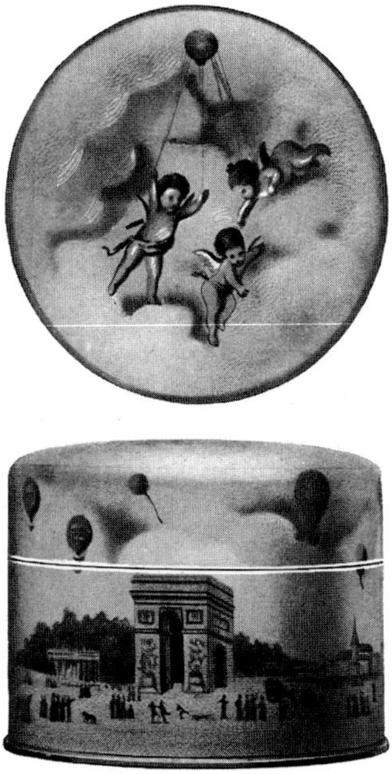

• Guerlain, *poudre Aux ballons*

Au XVIIIe siècle la boîte à poudre était exécutée avec un soin tout particulier, dans les matériaux les plus nobles. Écaille, bois précieux, ivoire, galuchat, laque de chine habillaient les coffrets tandis qu'à Grasse on doublait les parois intérieures d'écorce de bergamote, de façon à parfumer la poudre qui s'imprégnait de l'odeur délicate que dégageait l'écorce séchée du fruit.

Le parfumeur Houbigant s'est inspiré des célèbres boîtes en marqueterie de paille en vogue au XVIIIe siècle, en choisissant pour une boîte à poudre le décor d'une corbeille de fleurs traité en trompe l'œil.

Dès le début de l'industrialisation de la poudre, le carton fut et restera longtemps le seul matériau utilisé. Les boîtes étaient rechargeables. La recharge ou « tambour » était remplie par le fond, puis elle était recouverte de cellophane.

Dans les années 60 le plastique apparaît et peu à peu se substitue au carton.

Les cartonniers

La boîte à poudre en carton constitue à elle seule un thème de collection qui offre tout un choix de sujets en matière de classement. Le soin apporté à la fabrication, la qualité des cartons rigides, les coloris d'une grande richesse, les gaufrages et l'iconographie signée souvent de talentueux illustrateurs confèrent à cette collection un avenir prometteur.

La matière première utilisée, désignée sous le nom de carton de bureau, doit présenter une hygrométrie judicieusement étudiée afin de ne pas entraîner de rétrécissement ou de dilatation.

Les cylindres se préparent avec ou sans moule. Les cylindres moyens sont réalisés à partir d'un carton mince constitué de trois ou quatre feuilles.

Les cartonniers n'utilisent que très rarement la colle de farine ordinaire. Par contre, la colle forte et la gélatine d'une consistance plus fluide sont nettement mieux adaptées. On utilise aussi la pâte à coller qui se compose de farine de froment délayée, cuite avec une dissolution de gomme arabique, et la pâte de farine de riz qui a une ténacité remarquable ; elle ne coule pas et les Japonais l'emploient sans réserve pour son extrême blancheur et pour sa grande tenue.

La technique de montage est développée point par point dans *Le manuel du Cartonnier et du fabricant de cartonnages* par Lebrun (1830)

La panoplie du cartonnier est restée longtemps artisanale : une solide table, des bandelettes de cartons appelées « cartons de bureau », des papiers de couleur gaufrés… un assemblage de cordeaux et de tenons, un assortiment de moules, pinceaux, équerres, canifs, ciseaux, épingles, du ruban de fil, un polissoir, des linges fins, des poids, un marteau et du savon sec.

On parle de l'âme pour désigner la bande qui constituera l'armature latérale de la boîte. La robe représente la partie extérieure ou le couvercle. On nomme drageoire la partie souvent saillante servant d'assise. Le plat du couvercle s'appelle la zone. Le galbe s'effectue en frappant au centre avec un marteau légèrement chauffé que l'on appuie en tournant sans le soulever. On peut aussi bomber à la presse à l'aide d'un moule concave, pour un résultat plus

• GUERLAIN,
Bol à talc parfumé

homogène. Au stade avant l'habillage, la boîte est désignée sous le nom de charpente.

Boîtes à poudre, boîtes à ouvrage, cartes à jouer, bonbonnières, boîtes à tout… Gaufrer, colorier, vernir, dorer, tapisser, gainer de paille, de soie… des gestes minutieux et le plus grand soin, pour un artisanat très proche de celui des relieurs.

Les maîtres verriers

Le répertoire des boîtes de parfumeurs conçues par René Lalique est des plus vastes. Pots à onguent, boîtes à crème, pots à brillantine, bonbonnières, boîtes à flacons et boîtes à poudre sont décrits et reproduits dans le *catalogue raisonnée de l'œuvre de verre de René Lalique* par Félix Marcilhac.

Les boîtes à poudre viennent compléter la série parfumée des flacons créés par René Lalique.

Certaines boîtes sont identifiées comme boîte à poudre mais un grand nombre d'entre elles sont décrites sans que leur soit attribué un usage particulier.

Boîtes en verre par René Lalique, répertoriées en tant que boîtes à poudre :

◆ *Houppettes* a été créé en 1910

verre opalescent, fond verre ou carton. Diam. : 10 cm.

◆ D'ORSAY • *Deux sirènes*, 1920

Verre opalescent à décor de deux sirènes en mouvement. Diam. : 8,5 cm.

◆ FORVIL • *Les Yeux noirs* ou *Cinq fleurs*, 1927

Verre incolore et transparent décoré de cordages dégageant des réserves concaves semblables à des lentilles optiques. Patine anthracite. 8 x 8 cm et 12 x 12 cm.

◆ VOLNAY • *Feuillages*, 1925

Verre transparent moulé-pressé patiné. Diam. : 7 cm.

◆ WORTH • *Dans la nuit*, 1926

Verre incolore patine bleue en forme de sphère constellée en relief. Prise du couvercle en forme de disque sur tranche titrée. Existe en plusieurs taille.

◆ *Gabrielle* dite aussi *Houppes*

(référencée sous le moule n° 1197/1) 1919.

◆ *Houppes* (référencée sous le moule n° 1606) 1921

réalisé aussi en carton gaufré pour François Coty.

Clovis et Julien Viard ont conçu également des boîtes à poudre en verrerie.

La poudre et la publicité

Les parfumeurs à l'affût d'une poudre miracle

Dès le début du siècle, l'innovation technologique est un élément important qui bouscule la tradition. Les parfumeurs sont tous au rendez-vous pour des créations sensationnelles et les slogans publicitaires lancés dans un enthousiasme unanime témoignent de l'événement.

Vichy crée la poudre de riz stérilisée par irradiation : poudre de beauté unique par sa finesse, son adhérence et son velouté. Complètement aseptique, elle ne contient aucun des germes microbiens si fréquents dans les poudres de riz du commerce. Quinze teintes : blanc, naturel, jeunesse, rachel clair, rachel foncé, rachel doré, ocre clair, ocre foncé, ocrée, ambre rosé, ocre soleil, havane, peau brûlée, mauve, jade.

Coty dans un élan de renouveau lance *Air Spun*, « la seule poudre micronisée », qui a la particularité d'assurer une exceptionnelle adhérence et une homogénéité parfaite.

René Rambaud invite sa clientèle à braver les intempéries avec « la seule poudre qui tient sous la pluie. Elle permet la pratique de tous les sports par tous les temps même sous la pluie. Il suffit d'éponger délicatement le visage pour retrouver le maquillage qui sous l'action de cette poudre invisible donne le teint lumière ».

Dans les années 50, les laboratoires B.M.G. créent *Poudresoie* une poudre à base de pure soie naturelle.

Lasègue découvre les coloris incorporés, « un nouveau procédé exclusif, d'une technique révolutionnaire, permettant d'incorporer (et non mélanger) les colorants aux molécules de poudre. La meilleure poudre du monde ! »

F. Millot présente *Crêpe de Chine 1950* qui, sans rien perdre de ses qualités initiales, bénéfice de nouvelles améliorations. Elle est fine comme la soie est impalpable !

Lubin, par un procédé de fusion particulier et une technique nouvelle, découvre la finesse et l'adhérence qui lui permet de créer *Tangara*.

Voici encore le nouveau produit L.T. Piver. Sa caractéristique principale est son corps extrêmement léger. « Des années de recherches » publie la presse de 1947. C'est en 1933 que *Matité* a vu le jour, une révélation à l'époque !

Dans le catalogue Roger & Gallet, destiné aux représentants et daté de 1914, on peut lire : « Nos poudres de riz sont tout à fait impalpables, très adhérentes, absolument inoffensives et donnent à la peau un velouté remarquable. Elles rappellent aussi exactement que l'extrait pour le mouchoir, l'odeur de la fleur ou le bouquet de nos différentes parfumeries ».

Pour Gibbs…

« L'un des premiers avantages de la poudre de beauté Gibbs, c'est qu'elle ne prend jamais la poudre… d'escampette. »

« Crème et poudre de beauté Gibbs sont mieux qu'un vulgaire maquillage : une seconde nature. »

« La poudre de beauté Gibbs n'est point de la poudre aux yeux : c'est une poudre parfaite tout simplement ! »

Le marché

Un jeune marché plein d'avenir démarre aujourd'hui.

Dès 1989 les boîtes à poudre figurent aux catalogues des ventes aux enchères publiques, en particulier à Corbeil-Essonnes où une large part des catalogues est consacrée à ce thème nouveau.

L'intérêt pour la collection des boîtes à poudre se révèle seulement quelques années plus tard. Le collectionneur, après avoir mobilisé toute son attention sur le flacon, lui manifeste maintenant un intérêt croissant.

Il en existe des milliers. La fraîcheur et la richesse des coloris, l'originalité des formes, le parfum qu'elles représentent sont autant de critères qui déterminent le choix des collectionneurs.

Les boîtes à poudre parfumée, coordonnées à un parfum, sont tout particulièrement recherchées.

Avertissement

Les estimations correspondent à un prix moyen pour une boîte en bon état. Le prix peut être majoré lorsque la boîte est pleine et possède sa contre boîte. Toute usure excessive déprécie considérablement la valeur. On retrouve relativement fréquemment des quantités de boîtes vierges provenant de stocks remisés. Ceci explique le coût relativement bas de certaines boîtes pourtant très belles.

Comment aborder l'ouvrage

Chaque partie formant la boîte à poudre fait appel à un vocabulaire spécialisé que l'on retrouve dans la littérature ancienne et qui est repris dans les descriptions développées ici.

Les ventes aux enchères en France

Ville, date, étude précèdent le récapitulatif des boîtes passées en ventes publiques. Nom du parfumeur, nom du parfum, numéro de passage au catalogue et parfois année de création et référence de l'illustration, permettent d'identifier l'objet. La description est suivie du montant de l'adjudication.

CORBEIL-ESSONNES, JUIN 1991

Étude Bonduelle Lancry. Expert : J.-M. Martin Hattemberg.

◆ KLYTIA • *Bonheur du Jour* (34), 1950 (**V.4**)

Boîte cartonnée de section carrée, illustrée sur la zone d'un décor polychrome formé de coquillages et d'une scène galante traitée dans le style surréaliste.

750 F

◆ JEAN PATOU • *Amour Amour* (28), 1925

Boîte cylindrique cartonnée à dominante or, siglée au centre de la zone du monogramme du parfumeur.

400 F

◆ LUCRETIA VANDERBILT (105), 1930

Boîte en métal laqué de section ovale reposant sur quatre pieds. La zone est ornée d'un motif à dominante bleu nuit représentant un papillon argenté dans un décor géométrique.

1 100 F

◆ SCHIAPARELLI • *Salut* (106), 1934

Boîte à talc cylindrique cartonnée bicolore décorée sur la zone de corolles de fleurs.

500 F

◆ FONSARD • *Anitra* (60), 1920 (**VII.8**)

Imposante boîte à poudre cylindrique, cartonnée, ornée d'un motif floral stylisé aux tons lumineux. Diam. : 11 cm.

300 F

◆ LANCÔME • *Velours* (48), 1950 (**XVIII.10**)

Boîte cartonnée de section carrée.
Conception Draeger Frères, d'après un dessin de Georges Delhomme.

600 F

◆ Richard Hudnut • *Du Barry* (52), *circa* 1920

Boîte cartonnée de section ovale à décor romantique. La zone est illustrée d'un portrait de madame du Barry en médaillon.

600 F

◆ Lasègue • *Roseliane* (74), 1920

Assise s'inscrivant dans un carré. Boîte cartonnée à dominante or sur fond noir. La zone est ornée d'une rose stylisée décentrée.

300 F

◆ Bienaimé (21) – 1950

Boîte cylindrique cartonnée. L'âme est ornée d'une frise d'entrelacs, le centre de la zone est décoré d'une scène orientaliste. Décor gaufré à l'or.

600 F

◆ Bourjois • *Manon Lescaut* (57), 1920 (cf pl.

Boîte cartonnée au contour mouvementé ornée au centre de la zone d'un portrait de Manon Lescaut dans un encadrement romantique.

700 F

◆ Nylotis (39), 1919

Boîte cartonnée de section carrée, ornée sur la zone d'un décor asymétrique représentant un paon faisant la roue.

350 F

◆ Cedib • *Impérial* (14), *circa* 1930

Boîte cartonnée de section rectangulaire. La zone galbée en cylindre est décorée d'un aigle royal et d'un semis d'abeilles sur fond brun.

750 F

◆ Volnay • *Cap d'or* (4), 1923

Boîte cylindrique cartonnée. La robe est ornée d'un motif géométrique rayonnant. Coloris à dominante orange ponctué de noir.

450 F

◆ ARYS • *Un Jardin dans la nuit* (51), *circa* 1920 (**XVIII.4**)

Boîte cylindrique cartonnée à décor gaufré représentant une farandole de chérubins et d'angelots sur fond ivoire.

800 F

◆ JEAN PATOU • *Amour Amour* (67), 1925

Boîte cylindrique cartonnée, l'âme est décorée d'un motif façon panthère. La zone gaufrée or sur fond bleu est titrée et constitue le décor.

900 F

◆ COTY • *La Fougeraie* (15), *circa* 1930

Boîte cartonnée de section carrée, drageoire saillante surélevée par quatre pieds en bakélite rainurés de couleur corail. La robe est ornée de papier glacé imitant le galuchat, la zone formant des quartiers symétriques.

750 F

◆ D'ORSAY • *Lilas* (66), *circa* 1930

Boîte cylindrique cartonnée. La robe est ornée d'un décor à l'antique reproduisant les signes du zodiaque. Une Diane chasseresse et un angelot constituent le décor de la zone.

500 F

◆ KLYTIA • *Elyane* (63), *circa* 1930

Boîte cartonnée, de section ovale. La zone est ornée d'une élégante à sa toilette dans un décor rayonnant formé de bandes polychromes.
Signée Valentin Lebrun.

800 F

◆ NYLOTIS (65), 1919, USA.

Boîte cylindrique en métal à décor polychrome. La zone est ornée d'un paon faisant la roue et d'un gland de passementerie. Une boîte à musique est insérée dans un double fond et libère un enregistrement de la musique du film *Le Troisième Homme.*

1 800 F

◆ LASÈGUE • *Lionella* (61), *circa* 1930 (**XII.10**)

Boîte cartonnée de section carrée, coins arrondis. La robe à dominante rouge est décorée d'une parade de félins noirs et blancs.

280 F

DROUOT, MAI 1992

Étude Coutau-Bégarie. Expert : R. de Robien.

◆ SAUZÉ • *Sèvres* (49)

Boîte cylindrique, cartonnée de couleur ivoire. Étiquette en ceinture verticale disposée sur l'âme. Modèle réalisé par Tolmer.

1 500 F

◆ ROGER & GALLET • *Fleurs d'Amour* (54), (**XVII.7**)

Boîte cylindrique en aluminium décorée sur la zone d'oiseaux de paradis en relief. Patine sépia.
D'après un dessin de René Lalique (Marcilhac, 967).

1 400 F

DROUOT, AVRIL 1993

Étude Coutau-Bégarie. Expert : R. de Robien.

◆ RICHARD HUDNUT • *Deauville* (20)

Assise découpée en fer à cheval. Boîte cartonnée, la zone à décor polychrome représente une jeune femme devant sa coiffeuse. L'âme est habillée de satin turquoise.

1 900 F

◆ JEAN PATOU (21)

Boîte cylindrique en bakélite, drageoire saillante. La robe de forme dôme présente un relief alvéolé revêtue d'une laque dorée.

21 000 F

DROUOT, DÉCEMBRE 1993

Étude Coutau-Bégarie. Expert : R. de Robien.

Deux boîtes :

◆ Roger & Gallet • *Fleurs d'Amour* (26)

Assise rectangulaire. La charpente est gainée d'un satin rouge carmin. Étiquette romantique argentée au centre de la zone.

◆ Myrurgia (26)

Curieuse boîte piriforme, d'assise circulaire, entièrement conçue en bois naturel. Elle est ornée d'une passementerie au sommet de la zone.

800 F

◆ L.T. Piver • *Esperis* (45), (**II.2**)

Boîte cartonnée de section s'inscrivant dans un rectangle. La zone est ornée d'un écran à l'image d'une plaque de porcelaine aux coloris vivaces, représentant des chérubins dans un décor d'attributs olfactifs.

1 100 F

TOULOUSE, 12 MARS 1994

Me Fleck. Expert : Anne Meter-Seguin.
Vente organisée dans le cadre du IVe salon
Parfum Art et Valeur.

Deux boîtes (12) :

◆ Chatel • *Conga*

Boîte cylindrique en métal cuivré décoré en repoussé de palmiers. Diam. : 8,5 cm.

◆ Dana • *Rocio*

Boîte cylindrique à décor d'andalouses. Diam. : 9 cm.

300 F

Hors catalogue

◆ ROGER & GALLET • *Cigalia* (**XVII.7**)

Boîte cylindrique en métal patiné à décor d'oiseaux de paradis. Titrée sous l'assise "Cigalia". Répertorié sous le nom de *Fleurs d'Amour* (Marcilhac, 967)

700 F

◆ CLOVIS ET JULIEN VIARD (100), 1929

Boîte en verre transparent patiné bleu. Décor en relief de lierre grimpant. Diam. : 8 cm.

2 100 F

PLANCHE I

1

2

3a

4

3b

5

6a

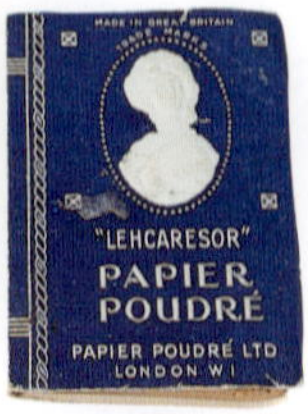

6b

7

8

1

2

3

4

5

6

7

8

9

10

11

12

Description des planches illustrées

Le numéro de la planche est suivi du numéro d'ordre, du nom du parfumeur et du nom de la poudre parfumée avec parfois la date de création. Viennent ensuite la description et une estimation objective qui ne constitue en rien une base ferme et définitive.

PLANCHE I

I.1 ◆ KLYTIA • Institut de Beauté Paris, 28, place Vendôme

Boîte à talc parfumée cylindrique en carton. Ravissants décors sur le thème de la beauté, intitulés *La toilette d'une jolie femme en 1830.* La zone reproduit le couronnement de la beauté alors que l'âme visualise une succession d'images ayant pour thèmes : le fard des joues, le parfum de la jolie femme, la manucure, le bain parfumé, les papillotes, le poudrage de la chevelure. Une houppe en velours titrée est insérée dans la boîte fermée par un sceau factice imitant une cire frappée. Diam. :12,8 cm., H. : 9 cm.

2 000-2 500 F

I.2 ◆ RAMSÈS • Paris

Boîte à poudre cylindrique en carton. La robe est tapissée d'un papier finement strié d'une grande luminosité à dominante bleu roi. Le décor est constitué de fleurs épanouies dorées, ponctuées des inscriptions suivantes M-K, A-H, MELKY. Une large réserve pastille décore la zone représentant une Égyptienne tenant un flacon, vêtue dans la pure tradition. En second plan, une enfilade de pyramides sous un ciel rose obscur complète ce ravissant décor. Diam. : 10 cm, H. : 5,2 cm.

2 000-2 500 F

I.3a et b ◆ Guerlain • *C'est moi* ou *La poudre c'est moi*

Boîte à poudre cylindrique constituée d'une charpente rigide décorée d'arabesques gaufrées à l'or sur fond bleu-noir. La zone est illustrée d'une rosace formant pendant avec la partie inférieure de l'âme. Le couvercle mobile laisse apparaître le tambour intérieur constituant la recharge, somptueusement décoré d'un roi soleil ceinturé de la mention La poudre c'est moi. Paris. Champs-Élysées. Guerlain. Conception : Draeger Frères. Existe aussi pour la poudre parfumée Shalimar.

1 000-1 500 F

I.4 ◆ Gueldy • *Mirage*

Boîte cylindrique cartonnée, illustrée d'une succession d'arcs de cercles imbriqués titrés des noms du parfumeur et du parfum. Décor doré sur fond noir. Diam. : 10 cm.

800-1 200 F

I.5 ◆ Lubin • Assortiment de tubes d'essais pour 9 poudres

Boîte cylindrique cartonnée, aménagée pour recevoir 9 tubes d'essais répartis dans des réserves situées à l'intérieur de la boîte. La zone est décorée de plumes en panache et du monogramme du parfumeur. Diam. : 10 cm.

2 000-2 500 F

I.6 a et b ◆ Ririz et Lehcaresor • Papier poudré

Deux papiers poudrés et parfumés à usage publicitaire. H. : 7,7 cm.

500-600 F l'un

I.7 ◆ Nildé • Poudre

Boîte cylindrique cartonnée à décor de rayures rouge et or. Ravissant intérieur garni d'une houppe montée sur un plissé de soie grège. Diam. : 10 cm.

1 200-1 500 F

I.8 ◆ Guerlain • *Djedi* – *circa* 1926

Boîte à talc de Djedi, cylindrique et cartonnée à dominante bleu pâle. Diam. : 10,4 cm.

1 000-1 200 F

PLANCHE II

II.1 ◆ BOURJOIS • *Soir de Paris*

Boîte cylindrique cartonnée, décorée en contraste argenté sur fond bleu roi étoilé d'une suite de scènes illustrant la vie parisienne.

150-200 F

II.2 ◆ L.T. PIVER • *Esperis*

cf. vente Drouot, décembre 93

II.3 ◆ LES POUDRES LYS DE FRANCE • Avignon

Boîte cylindrique cartonnée. La robe bleu roi est décorée d'un semis de fleurs de lys. Titrée au centre de la zone. Diam. : 7,2 cm.

80-120 F

II.4 ◆ ORLANE • Institut Jean d'Albret, *Poudre de beauté*

Boîte cylindrique à dominante blanche. L'âme est titrée ORLANE dans un décor d'enluminures. La zone est illustrée au centre d'un médaillon représentant un portrait de femme sur fond rose. Diam. : 9 cm.

150-200 F

II.5 ◆ BIENAIMÉ • *Les carnations*

Boîte cylindrique cartonnée ornée sur l'ensemble de la robe d'un semis de pois. Le centre de la zone est illustré d'un profil féminin tel un camée dans un encadrement de volutes.

300-400 F

II.6 ◆ ORLANE • *Poudre de beauté*

Boîte cylindrique à dominante blanche. L'âme est titrée Orlane dans un décor d'enluminures. La zone est illustrée de plumes d'autruche disposées en rosace dans un camaïeu de rose saumon. Diam. : 9 cm.

150-200 F

II.7 et 9 ◆ DORIN • *Actualité*

Boîte cylindrique en bakélite. Cachet de la marque en creux au centre de la zone. Respectivement en grenat foncé et noir.

80-100 F l'une

II.8 ◆ Marcel Guerlain • *Masque rouge* 1925

Boîte cylindrique cartonnée tapissée d'un papier tramé illustré d'affichettes juxtaposées reproduisant une jeune femme à demi dissimulée derrière un loup rouge vif. Diam. : 8,6 cm.

700-800 F

II.9 ◆ Château d'Azur – Nice • *Poudre de mon château*

Boîte cylindrique cartonnée. La robe reproduit des créneaux et un gros plan de murailles féodales. Le centre de la zone est illustré d'un imposant château à tourelles. Diam. : 7,5 cm.

300-400 F

II.10 ◆ L.T. Piver • *Volt* 1925

Boîte cartonnée de section carrée, tapissée d'un papier naturel uni. Le centre de la zone est imprimé du célèbre macaron titré à l'or sur fond noir. L. : 7 cm.

1 000-1 500 F

II.12 ◆ Poudre Nildé • *Parfum bouquet Nildé*

Boîte cartonnée cylindrique décorée de rayures et de frises à fleurettes marine, or et roses. L'âme et la zone sont titrées.

300-400 F

PLANCHE III

III.1 ◆ L.T. Piver • *Pompéïa*

Boîte cartonnée illustrée du célèbre décor rouge et or.

300-400 F

III.2 ◆ Bourjois • *Kobako*

Boîte cylindrique cartonnée ornée d'un décor asymétrique de chrysanthèmes polychromes.

300-400 F

III.3 ◆ Grenoville • *Œillet fané*

Boîte cylindrique cartonnée. La robe présente un décor à l'or alvéolé. Le centre de la zone est illustré d'un œillet en camaïeu grenat et rose rehaussé de nervures dorées. Diam. : 6,2 cm.

200-300 F

III.4 ◆ L.T. Piver • *Poudre Piver*

Boîte cylindrique, cartonnée illustrée sur la zone en ceinture d'une frise florale stylisée sur fond rose. Diam. : 8,1 cm.

300-400 F

III.5 ◆ Lubin • *Nuit de Longchamps*

Boîte cylindrique, cartonnée à décor d'arabesques en "S" formant sur la zone une rosace avec en son centre le nom du parfumeur sur fond or. Drageoire saillante dorée. Fond rose. Diam. : 9 cm.

300-400 F

III.6 ◆ Anonyme

Boîte cylindrique cartonnée figurant une cocarde en trompe l'œil. Diam. : 7,2 cm.

400-500 F

III.7 ◆ Roger & Gallet • *Vera Violetta*

Boîte cartonnée d'assise mouvementée à dominante mauve rehaussée de frises dorées. Étiquette au centre de la zone découpée à l'image de l'assise. Diam. : 8,9 cm.

700-800 F

III.8 ◆ Revlon • *Ultima*

Boîte cartonnée de section carrée, illustrée d'un décor rayonnant. L. : 8,6 cm.

300-400 F

III.9 ◆ Sarradin • *Ajoncs d'or*

Boîte cartonnée d'assise mouvementée s'inscrivant dans un carré. Riche décor de végétaux, rehaussé de jaune paille, sur fond bleu et or. Une jeune femme en médaillon illustre un angle de la zone. Une succession de réserves illustrées du même décor ceinture l'âme. Diam. : 8,9 cm.

700-800 F

III.10 ◆ RAZ-ÉMAIL

Curieuse boîte cartonnée cylindrique renfermant une poudre masculine. Un texte sur fond rouge décrit les vertus du produit sur un ton d'avertissement. Diam. : 7,1 cm.

300-400 F

III.11 ◆ FORVIL • *Cinq fleurs*

Boîte cartonnée de section carrée, tapissée d'un papier glacé rouge vermillon, l'arête supérieure est soulignée d'un filet argenté. La zone est frappée d'une large houppette gaufrée au duvet blanc et à la prise argentée. L. : 5,9 cm.

300-400 F

III.12 ◆ RISLER

Boîte cylindrique cartonnée bicolore. La robe est partagée en deux bandeaux asymétriques rouge et crème, la zone est titrée à l'or.
Diam. : 6,7 cm.

300-400 F

PLANCHE IV

IV.1 ◆ ÉLIZABETH ARDEN • *Voile invisible* – *circa* 1960

Boîte cylindrique cartonnée, drageoire saillante à gorge dorée à l'or. L'âme est décorée d'une frise de palmettes en partie supérieure. La zone est doublée d'une lentille en celluloïd à décor de fleurs polychromes se superposant au décor apparaissant en sous-verre. Diam. : 10 cm.

150-250 F

IV.2 ◆ AVON

Boîte cylindrique cartonnée décorée au centre de la zone d'une rose rehaussée à l'or entourée de palmettes vertes, fond blanc.
Diam. : 8,2 cm.

150-200 F

IV.3 ◆ LESOURD-PIVERT • *Poudre parfumée aux fleurs*

Boîte cylindrique cartonnée, décorée sur l'ensemble de la robe de fins rameaux fleuris répartis sur un fond fragmenté nacré formant une irisation identique à de la nacre. Diam. : 7 cm.

150-200 F

IV.4 et 6 ◆ LANCÔME • *Magie et Conquête*

Deux boîtes cartonnées cylindriques de même gabarit. La première des années 50 est tapissée d'un fond rayé dans des tons de mauve où se superposent à l'horizontale un tracé blanc caractéristique de cette époque. La deuxième plus ancienne est tapissée d'un motif floral à arabesques blanc et or sur fond bleu, la boîte porte la mention « disque d'essai ».
Diam. : 7,3 cm.

4. 80-100 F
6. 300-400 F

IV.5 ◆ L.T. PIVER • *Floramye* 1905

Boîte cartonnée à découpe horizontale asymétrique richement décorée dans l'esprit de cette époque dans des tons mauves et verts.

500-600 F

IV.7 ◆ GODET • *Sous bois*

Boîte cartonnée de section carrée, tapissée d'un papier tramé vert foncé rappelant la molesquine. La zone est décorée dans un angle d'une étiquette ronde, titrée, représentant un sous-bois, dans un encadrement romantique.

250-350 F

IV.8 ◆ BOURJOIS • *Java*

Boîte cylindrique cartonnée tapissée d'un papier vert amande velouté. Une large étiquette disposée sur toute la zone témoigne de l'ancienneté de cette boîte. Le dessous de l'assise est divisée en quartiers reproduisant en cinq langues les caractéristiques de cette poudre de riz. Diam. : 7,8 cm.

300-400 F

IV.9 ◆ HARMELLE • *Œillet préféré*

Boîte cartonnée de section carrée, tapissée d'un papier vert d'eau. La zone est titrée dans un encadrement gaufré-doré formant des pans retenus par des embrasses.

250-350 F

IV.10 ◆ LANVIN

Boîte d'assise circulaire, drageoire cartonnée. La robe est en bakélite noire illustrée en creux et rehaussée à l'or, au centre de la zone, du logo de la maison dessiné par Paul Iribe. Diam. : 9,5 cm.

350-450 F

IV.11 ◆ VIOLET • *Pour rêver* – *circa* 1925

Boîte cartonnée de section carrée, rehaussée par quatre talonnettes. Décor gaufré stylisé sur l'ensemble de la robe. Un panneau à l'imitation d'une laque décore la zone dans des tons noirs et or. L. : 9 cm.

800-1200 F

IV.12 ◆ GRENOVILLE • *Casanova* 1930

Boîte cylindrique cartonnée bicolore. La partie inférieure de l'âme est ceinturée de noir. La partie supérieure en papier brut naturel vient coiffer la robe. La zone est titrée verticalement.

250-350 F

PLANCHE V

V.1 ◆ LUZY • *La poudre de Luzy*

Boîte cartonnée de section carrée. La robe est habillée d'un papier crème, illustrée au centre de la zone d'un portrait médaillon représentant la marquise de Luzy se poudrant le visage. L. : 6,5 cm.

150-250 F

PLANCHE III

1

2

3

4

5

6

7

8

9

10

11

12

PLANCHE IV

1

2

3

4

5

6

7

8

9

10

11

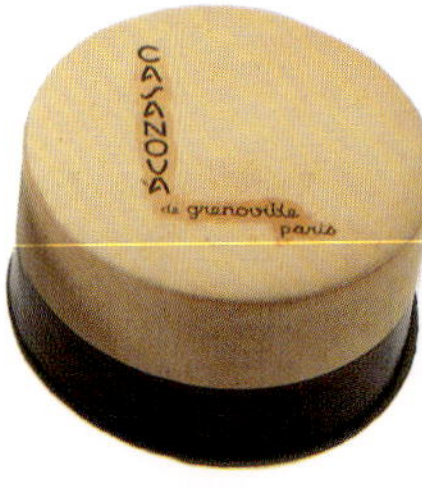

12

PLANCHE V

1

2

3

4

5

6

7

8

9

10

11

PLANCHE VI

1

2

3

4

5

6

7

8

9

10

11

12

13

V.2 ◆ Harmelle-Salarnier • *Poudre de beauté*

Boîte cylindrique cartonnée à décor de guirlandes dans la partie supérieure de l'âme. La zone est illustrée d'une élégante se poudrant devant sa coiffeuse dans un encadrement octogonal. Diam. : 5,6 cm.

250-300 F

V.3 ◆ Harmelle • *Poudre Béatrice*

Boîte cartonnée de section carrée, tapissée d'un papier blanc uni à effet de vannerie. Une étiquette titrée vient baguer la boîte. L. : 6,3 cm.

200-300 F

V.4 ◆ Klytia • *Bonheur du jour*

cf. Vente Corbeil, juin 91, (34)

V.5 ◆ Vigny • *Poudre insolée parfum Heure intime*

Boîte cartonnée d'assise mouvementée s'inscrivant dans un carré. Le fond grenat foncé est souligné sur le pourtour de l'arête supérieure d'une filet saillant doré, encadrant un couple romantique sur une île de verdure. L. : 10 cm.

450-550 F

V.6 ◆ Sergy

Boîte cylindrique cartonnée entièrement décorée d'un motif stylisé représentant des pastilles bleu pétrole à décor de roses dorées sur fond orangé. Diam. : 5 cm.

250-300 F

V.7 ◆ L.T. Piver • *Pompéïa*

Boîte cartonnée cylindrique illustrée du célèbre décor à l'antique gaufré doré, sur fond rouge. La zone est illustrée d'une jeune femme en pied tenant un brassard chargé de roses. Diam. : 6,7 cm.

200-300 F

V.8 ◆ RIGAUD • *Cœur de France*

Boîte cartonnée de section carrée, drageoire et zone saillantes rehaussées à l'or. Le fond bleu marine est décoré d'anneaux imbriqués. La zone est titrée sur fond doré, Diam. : 7,2 cm.

300-400 F

V.9 ◆ FORVIL • *Poudre parfum 5 fleurs*

Boîte cylindrique cartonnée illustrée sur la zone d'un portrait de jeune femme à la chevelure floue dans le goût de Jean-Gabriel Domergue, signature illisible. Le fond est un mélange de couleurs berlingot.
Diam. : 7,2 cm.

200-250 F

V.10 ◆ ORLANE • *Poudre déesse au pollen d'orchidée*

Boîte cartonnée cylindrique. Drageoire saillante dorée, l'arête supérieure rehaussée à l'or. Décor gaufré, sur fond mat blanc découvrant des réserves de couleur rose saumon à l'image de la dentelle, disposées sur l'âme et sur la zone en ceinture. Au centre de la zone, une fleur d'orchidée polychrome. Diam. : 15 cm.

250-300 F

V.11 ◆ SIMON • *La nouvelle poudre Simon*

Boîte cartonnée cylindrique tapissée d'un papier gaufré. Décor asymétrique laissant apparaître un massif de fleurs serrées dans des teintes rose foncé et orangées, un papillon est posé sur l'une d'elles. Diam. : 7 cm.

250-300 F

PLANCHE VI

VI.1 ◆ TOKALON • *Fascination* 1925

Boîte cartonnée cylindrique. Sobre décor sur fond blanc mat, l'arête supérieure soulignée d'un filet bleu formant rappel avec la drageoire saillante. La zone titrée est illustrée d'un blason. Diam. : 6,4 cm.

300-350 F

VI.2 ◆ Rigaud

Boîte cartonnée cylindrique bistre et or décorée d'une frise d'entrelacs sur l'âme en ceinture. Diam. : 8,3 cm.

150-250 F

VI.3 ◆ de Chamby • *Maytime*

Boîte cartonnée de section carrée revêtue d'un papier blanc cassé imitant le veau grainé, l'ensemble des arêtes apparaissant en filets bruns.
L. : 5,5 cm.

150-250 F

VI.4 ◆ L.T. Piver • *Le trèfle incarnat* – *circa* 1900

Boîte cartonnée de section s'inscrivant dans un rectangle aux angles tronqués. Riche décor végétal de feuilles de trèfles à dominante verte. La zone est titrée sur fond crème. L. : 9,1 cm.

500-600 F

VI.5 ◆ Lancy • *Poudre de riz très adhérence*

Boîte cylindrique en bakélite moulée d'un décor curviligne rayonnant du centre de la zone. L'âme est ceinturée d'un moulage curviligne.
Diam. : 7,8 cm.

200-300F

VI.6 ◆ Grands Magasins du Louvre • *Violette impériale*

Boîte cartonnée d'assise asymétrique s'inscrivant dans un carré. Fond vert décoré d'une double frise en ceinture sur l'âme. La zone est illustrée d'une large étiquette titrée en forme de blason. L. : 8,2 cm.

300-400 F

VI.7 ◆ Lesourd • *Fleurs de Paris*

Boîte cylindrique cartonnée. La robe est divisée en quatre quartiers aux couleurs bleues et roses alternées, un bouquet orne le centre de la zone. Titrée sur l'âme. Diam. : 7,3 cm.

250-350 F

VI.8 ◆ LESOURD-PIVERT • *Fleurs de Paris*

Même description que ci-dessus. L'arête supérieure est garnie d'un bourrelet faisant apparaître la zone en retrait. Modèle plus ancien que le précédent. Diam. : 7,3 cm.

300-400 F

VI.9 ◆ STÉ CADUM • *Poudre Donge*

Boîte cylindrique cartonnée à dominante bleu clair. La ceinture inférieure de l'âme est décorée d'un motif imitant la dentelle, en rappel sur le centre de la zone autour d'un milleflori. Diam. : 7,3 cm.

150-200 F

VI.10 ◆ POUDRE SIMON • *Violette*

Boîte cylindrique cartonnée de couleur mauve, illustrée sur la zone d'une large étiquette ventant les mérites du produit. Diam. : 4,1 cm.

200-300 F

VI.11 ◆ ROGER & GALLET • *Souvenir de la cour*

Boîte cylindrique cartonnée tapissée d'un grainé blanc. Pastille titrée marine et or au centre de la zone. Diam. : 3,4 cm.

200-300 F

VI.12 ◆ MONPELAS • *Malagéïne*, Fard en poudre

Boîte cartonnée cylindrique à dominante bleue, titrée au centre de la zone dans une réserve losangée bleu marine. Diam. : 4,9 cm.

100-150 F

VI.13 ◆ R. MERCIER • *Hamamelis*

Boîte cylindrique cartonnée blanc cassé, les arêtes soulignées d'un filet bleu marine. La zone en recul est titrée sur toute la surface.
Diam. : 4,9 cm.

100-150 F

PLANCHE VII

VII.1 ◆ RICHARD HUDNUT • *Gemey, circa* 1925

Boîte cartonnée octogonale s'inscrivant dans un cercle, gainée à l'imitation du galuchat couleur saumon, les arêtes rehaussées d'un filet argenté. Diam. : 7,4 cm.

500-600 F

VII.2 ◆ RICHARD HUDNUT • *Gemey, circa* 1925

Boîte cylindrique cartonnée gainée d'une imitation de galuchat de couleur rose saumon. Étiquette argentée disposée sur la partie inférieure de l'âme. Diam. : 7,5 cm.

300-400 F

VII.3 ◆ GEMEY • *circa* 1945

Boîte cylindrique cartonnée tapissée d'un papier glacé ivoire. Décorée en ceinture, sur l'âme et la zone, d'une frise imitant le galuchat, dans un décor d'arabesques dorées. Titrée « Gemey » sur la zone. Diam. : 8,1 cm.

150-200 F

VII.4 ◆ ROGER & GALLET • *Anthéa, maréchale*

Boîte cartonnée de section carrée, aux angles arrondis, à dominante rose saumon, les arêtes soulignées d'un filet rouge. La zone est titrée sur toute la surface. L. : 8 cm.

300-400 F

VII.5 ◆ MURAOUR AÎNÉ • *La Vallière*

Boîte cartonnée de section carrée, les angles arrondis à dominante bleu lavande. La zone titrée sur toute la surface est ornée sur un angle d'une jeune femme à la chevelure dénouée. L. : 8 cm.

200-300 F

VII.6 ◆ C. ROUSSEL • *À l'eau Gorlier*

Boîte cartonnée de section carrée aux angles tronqués. Un filet vert souligne les arêtes sur fond blanc. La robe est enrubannée, une étiquette sur le centre de la zone forme un scellé. L. : 7,5 cm.

200-300 F

VII.7 ◆ D'ORSAY • *Chypre*

Boîte cylindrique cartonnée, illustrée d'un décor champêtre sur fond jaune. Diam. : 9,3 cm.

150-200 F

VII.8 ◆ FONSARD • *Anitra* 1920

cf. Vente Corbeil Juin 91.

VII.9 ◆ MYRURJIA • *Maja*

Boîte cylindrique cartonnée illustrée sur l'ensemble de la robe d'un pan de costume andalou traditionnel dans un coloris flamboyant à dominante rouge. La zone est illustrée dans une réserve d'une danseuse de flamenco à l'éventail. Diam. : 12,5 cm.

300-400 F

VII.10 ◆ HARMELLE • *Ma Juliette*

Boîte cartonnée cylindrique richement décorée sur la zone d'un vase de violettes et d'un portrait médaillon sépia. Diam. : 7,6 cm.

400-600 F

VII.11 ◆ LADY CAROLINE

Boîte cylindrique cartonnée, illustrée sur la zone d'une jeune fille rêveuse, chapeautée. Diam. : 9,2 cm.

350-400 F

VII.12 ◆ BOURJOIS • *Manon Lescaut*

Boîte cylindrique cartonnée, à décor de roses en ceinture de la zone et de l'âme. Le centre de la zone est illustré d'un portrait de Manon Lescaut. L'ensemble est traité dans l'esprit des célèbres vernis Martin en vogue au XVIIIe siècle. Diam. : 8 cm.

700-800 F

PLANCHE VIII

VIII.1 ◆ MOLINARD • *Habanita*

Boîte cylindrique cartonnée, illustrée de nymphes évoluant dans un tourbillon. Les arêtes soulignées d'un filet rouge forment contraste avec le fond à dominante noire. Diam. : 7,3 cm.

700-800 F

VIII.2 ◆ GIBBS • *Poudre de beauté*

Boîte cylindrique cartonnée illustrée sur la zone d'une élégante en crinoline au milieu d'une ronde de pigeons. Diam. : 5,8 cm.

200-300 F

VIII.3 ◆ POUDRE SIMON

Boîte cylindrique cartonnée, décorée sur la zone en grisaille d'une silhouette féminine. Dominante noire, frise dorée en ceinture dans la partie inférieure de l'âme. Diam. : 7,2 cm.

200-300 F

VIII.4 ◆ CHERAMY

Boîte cylindrique cartonnée, à dominante marine parsemée de fleurs coupées rouge vermillon. Diam. : 6,5 cm.

150-200 F

VIII.5 ◆ CHERAMY • *Offrande*

Boîte cylindrique cartonnée, revêtue d'un papier mat rouge vermillon. Décor floral asymétrique noir et or. Diam. : 7,4 cm.

150-200 F

VIII.6 ◆ LOUIS PAULIN

Boîte cylindrique cartonnée à décor de roses sur fond vert tendre. L'âme est ceinturée d'un plissé à décor de roses. Diam. : 7,3 cm.

500-600 F

VIII.7 ◆ COTY • *Air Spum*

Boîte cylindrique cartonnée décorée sur l'ensemble de la robe de houppettes voltigeantes. Les duvets sont fixés sur une monture gaufrée dorée. Fond or pour ce modèle. Existe dans de nombreux coloris. Diam. : 8,1 cm. D'après un dessin de René Lalique.

200-300 F

VIII.8 ◆ BOURJOIS • *Luxus*

Boîte cartonnée cylindrique. La zone est titrée sur un fond vert émeraude, les arêtes soulignées d'un filet doré. Diam. : 8,1 cm.

300-400 F

VIII.9 ◆ RIGAUD

Boîte cylindrique cartonnée. La zone siglée est ornée d'un relief gaufré rayonnant. Diam. : 9,2 cm.

100-150 F

VIII.10 ◆ INNOXA • *Rose-Thé*

Boîte cartonnée de section carrée à dominante gris perle. La zone est ornée en second plan d'un motif gratte-ciel, un portrait de madone tenant un flacon constituant le premier plan. Rehauts de bleu ciel, titrée sur l'âme sur un côté. L. : 6,2 cm.

150-200 F

VIII.11 ◆ JEAN DE PARYS • *Poudre siamoise*

Boîte cylindrique cartonnée, décorée au centre de la zone d'un double profil sur un fond bleu nuit à décor d'astres. Diam. : 7,4 cm.

150-200 F

VIII.12 ◆ J. LESQUENDIEU • *Reine des crèmes*

Boîte cartonnée de section carrée. Le décor est constitué de filets soulignant les arêtes. Carré titré sur fond turquoise au centre de la zone.
L. : 6,2 cm.

150-200 F

PLANCHE VII

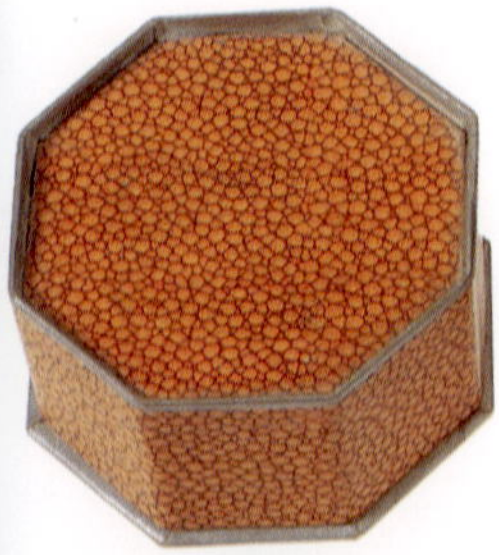

1

2

3

4

5

6

7

8

9

10

11

12

PLANCHE VIII

1

2

3

4

5

6

7

8

9

10

11

12

PLANCHE IX

1

2

3

4

5

6

7

8

9

10

11

12

PLANCHE X

1

2

3

4

5

6

7

8

9

10

11

12

PLANCHE IX

IX.1 ◆ RICHARD HUDNUT • *Three flowers*

Boîte cylindrique cartonnée à dominante rouge, représentant sur la zone une jeune femme devant sa coiffeuse une houppette à la main. Titrée sur l'âme. Diam. : 7,1 cm.

300-400 F

IX.2 ◆ SAINT-ANGE • *44 Fine*

Boîte cylindrique cartonnée tapissée d'un papier glacé
uni noir rehaussé d'une filet doré sur l'arête supérieure. Titrée sur la zone en lettres dorées. Diam. : 9,1 cm.

200-300 F

IX.3 ◆ L.T. PIVER • *Matité*

Boîte cylindrique cartonnée décorée sur la zone d'une Japonaise stylisée sur fond doré. Titrée sur l'âme. Drageoire saillante formant un souligné noir. Diam. : 6,9 cm.

300-400 F

IX.4 ◆ MOSSY

Boîte cylindrique cartonnée illustrée sur la robe de bulles agrémentées de têtes de pierrots et pierrettes évoluant en charmantes rencontres romantiques sur fond bleu poudré d'or. Diam. : 7,2 cm.

700-800 F

IX.5 ◆ COTY

Boîte cylindrique en métal chromé illustré sur la zone d'une pastille laquée bleue. Diam. : 7,2 cm.

200-300 F

IX.6 ◆ INNOXA

Boîte cylindrique cartonnée illustrée sur fond bleu clair de pigeons blancs stylisés aux ailes déployées. Diam. : 7,3 cm.

400-500 F

IX.4 ◆ D'ORSAY • *Comtesse d'Orsay*

Boîte cylindrique tapissée d'une texture turquoise foncé évoquant la trame du hêtre. La zone est agrémentée d'une prise saillante à l'image d'un fragment de branchage. Titré sur l'âme. Diam. : 8,1 cm.

200-300 F

IX.5 ◆ GIRAUD ET FILS • *Chypre*

Boîte cylindrique cartonnée à décor stylisé asymétrique à dominante orange. Titrée sur la zone dans un encadrement polylobé. Diam. : 7 cm.

300-400 F

IX.9 ◆ L.T. PIVER • *Vallée des Rois*

Boîte cylindrique cartonnée décorée sur fond turquoise d'hiéroglyphes stylisés dorés. Titrée sur l'âme. Diam. : 7,2 cm.

300-400 F

IX.10 ◆ VIOLET • *Princia*

Boîte cylindrique cartonnée décorée sur fond noir d'une femme alanguie en tenue de soirée fumant rêveusement. Diam. : 6,4 cm.

300-400 F

IX.11 ◆ ROGER & GALLET • *Poudre Kit Kat*

Boîte cylindrique cartonnée ornée d'un décor stylisé ponctué de rehauts jaunes, rouges et verts. Diam. : 7,7 cm.

300-400 F

IX.12 ◆ GUERLAIN • *Masque rouge*

Boîte cylindrique cartonnée à dominante sombre décorée en ceinture sur l'âme de masques stylisés. Une femme tenant un masque tendu rouge vermillon illustre la zone. Signé « Marcel Guerlain ». Diam. : 8,5 cm.

700-800 F

PLANCHE X

X.1 ◆ HONORÉ PAYAN (Grasse) • *Poudre de riz aux fleurs*

Boîte cylindrique cartonnée reproduisant des violettes et leur feuillage. Diam. : 8,1 cm.

300-400 F

X.2 ◆ P. HENRY • *Violettes de Pary*

Boîte cylindrique cartonnée titrée au centre de la zone dans un encadrement de violettes sur fond bleu. Diam. : 8,1 cm.

300-400 F

X.3 ◆ GELLÉ FRÈRES • *La renommée*

Boîte cylindrique cartonnée décorée sur la zone d'un médaillon romantique titré. Diam. : 7,7 cm.

200-300 F

X.4 ◆ GELLÉ & FRÈRES • *Poudre de riz Memphis* – *circa* 1900

Boîte cartonnée de forme écusson richement décorée. Titrée sur la zone. L. : 7,6 cm.

300-400 F

X.5 ◆ GELLÉ & FRÈRES • *L'indispensable poudre pour le visage*

Boîte cartonnée de forme mouvementée décorée en polychromie sur la zone d'une scène villageoise au XVIIIe siècle. L. : 7,6 cm.

400-500 F

X.6 ◆ GELLÉ & FRÈRES • *L'indispensable*

Boîte cartonnée de section carrée, coins arrondis. Riche décor d'arabesques à dominante bleue. Titrée sur la zone. L. : 9 cm.

400-500 F

X.7 ◆ ROGER & GALLET • *Fugue*

Boîte cylindrique blanche décorée au centre de la zone d'un pot de fleurs stylisé en relief dans une réserve circulaire. Diam. : 7,4 cm.

200-300 F

X.8 ◆ DORIN • *Poudre de riz Delaunay*

Boîte circulaire à l'imitation des boîtes camphrées. Étiquette sur la zone. Diam. : 8,5 cm.

300-400 F

X.9 ◆ VIOLET • *Chypre*

Boîte cylindrique cartonnée tapissée d'un craquelé. La zone est illustrée d'un décor japonisant représentant des volatiles exotiques. Diam. : 7,7 cm.

400-500 F

X.10 ◆ CARON • *N'aimez que moi*

Boîte cylindrique cartonnée jaune paille, illustrée sur la zone d'un large médaillon représentant une jeune femme à l'ombrelle sur un perron. Diam. : 10,2 cm.

300-400 F

X.11 ◆ D'ORSAY • *Bruyère*

Boîte cartonnée de section carrée gainée d'un papier imitant le veau grainé. Décor au centre de la zone d'un motif gaufré représentant un sujet romantique dans le goût du XVIIIe. L. : 7,2 cm.

300-400 F

X.12 ◆ MOLINARD JEUNE • *Bruyère*

Boîte cylindrique cartonnée tapissée d'un papier à décor de palmettes et fines rayures. Un paysage provençal illustre l'âme en médaillon. Diam. : 7,2 cm.

300-400 F

PLANCHE XI

XI.1 ◆ T. LECLERC • *Rose thé*

Boîte cylindrique en aluminium. Titrée en repoussé sur la zone. Diam. : 8,9 cm.

150-200 F

XI.2 ◆ FB-DIADERMINE

Boîte cylindrique cartonnée bleu roi illustrée sur l'ensemble de la robe d'un décor schématisant des divertissements à travers les quatre saisons. Diam. : 7,7 cm.

200-300 F

XI.3 ◆ FB-DIADERMINE

Boîte cylindrique titrée sur la zone. La robe est recouverte d'un papier alumisé. Diam. : 8,1 cm.

100-150 F

XI.4 ◆ SAUZÉ • *Florodor*

Boîte cylindrique cartonnée illustrée sur la zone d'une coupe surmontée d'un bouquet d'artifices. Une frise florale illustre l'âme en ceinture. Diam. : 7,1 cm.

150-200 F

XI.5 ◆ CIPRIA • *Mascherina*

Boîte cylindrique cartonnée à décor de masques noirs sur fond orangé. Une femme masquée illustre la zone en médaillon. Diam. : 6,5 cm.

300-400 F

XI.6 ◆ RICHARD HUDNUT • *Three flowers*

Boîte cylindrique cartonnée à dominante orangée représentant sur la zone une jeune femme devant sa coiffeuse une houppette à la main. Diam. : 7,1 cm.

300-400 F

XI.7 ◆ DORIN • *Actualité*

Boîte cylindrique en bakélite frappée au centre de la zone d'un médaillon titré. Diam. : 9 cm.

80-100 F

XI.8 ◆ LESQUENDIEU

Boîte cylindrique cartonnée bicolore. La partie inférieure de l'âme grenat foncé est surmontée d'une zone claire. Diam. : 7,3 cm.

80-100 F

XI.9 ◆ POUDRE SIMON

Boîte cylindrique cartonnée à dominante noire décorée au centre de la zone d'un médaillon à l'antique représentant une silhouette blanche sur fond rouge foncé. Diam. : 9,1 cm.

XI.10 ◆ GELLÉ & FRÈRES • *Allegra*

Boîte cylindrique cartonnée illustrée d'un décor géométrique richement coloré. Diam. : 6,1 cm.

500-600 F

XI.11 ◆ VIREL • *Po de arroz*

Boîte cylindrique cartonnée à décor géométrique polychrome. Un profil illustre la zone. Diam. : 7 cm.

600-700 F

XI.12 ◆ CHERAMY • *Ciel bleu*

Boîte cylindrique cartonnée à décor géométrique aux coloris vifs. Titrée sur la zone. Diam. : 7,4 cm.

600-700 F

PLANCHE XII

XII.1 ◆ BOURJOIS • *Printemps de Paris*

Boîte cylindrique cartonnée à dominante vert d'eau. La zone est ornée d'un décor asymétrique représentant une pastille titrée prolongée par un motif rayonnant. La partie inférieure de l'âme déploie en ceinture une perspective des principaux monuments de Paris en impression dorée. Diam. : 7,6 cm.

200-300 F

XII.2 ◆ LORENZY PALANCA • *Florina*

Boîte cylindrique cartonnée blanche, les arêtes rehaussées de filets dorés. Le centre de la zone est titré dans un médaillon de style romantique. Diam. : 11 cm.

200-300 F

XII.3 ◆ Monpelas • *Malaceïne*

Boîte cartonnée de section carrée, coins arrondis. Titrée sur une banderole traversant la zone. Diam. : 7 cm.

200-300 F

XII.4 ◆ Lorenzy Palanca • *Frimousse d'or*

Boîte cartonnée. L'assise asymétrique forme un décrochement dans la partie inférieure. La zone est illustrée d'un portrait féminin à la rose.

300-400 F

XII.5 ◆ E. Burnham (Chicago) • *Kalos blossoms*

Boîte cartonnée de section carrée, coins arrondis. La zone est illustrée d'un portrait médaillon monochrome dans un entourage romantique de fleurettes et frises à croisillons à dominante rose saumon.

200-300 F

XII.6 ◆ Auzières Frères • *Sous les tilleuls*

Boîte cartonnée d'assise asymétrique s'élargissant vers le haut. Un riche décor orne la zone, représentant en réserve un médaillon en sous-bois dans un entourage de végétation stylisée.

400-500 F

XII.7 ◆ Lemoine • *À tout cœur*

Boîte cartonnée de section carrée à dominante jaune vif. La zone est illustrée d'un large coussin retombant sur la partie supérieure de l'âme, sur lequel est assise une jeune femme tenant dans ses mains une houppe volumineuse. L. : 6,8 cm.

400-500 F

XII.8 ◆ Redan • *Souvenirs*

Boîte cylindrique cartonnée à dominante rouge, figurant sur la zone une jeune femme assise au bord d'un lac dans un décor asymétrique.
Diam. : 7,1 cm.

150-200 F

XII.9 ◆ De Vigny

Boîte cylindrique cartonnée à dominante jaune présentant un motif de rayures verticales en ceinture de l'âme. La zone est illustrée d'un motif central stylisé surmonté d'une frise en relief imitant une groseille. Diam. : 7,1 cm.

600-700 F

XII.10 ◆ Lasègue • *Lionella*

cf. vente Corbeil Juin 91.

XII.11 ◆ Anonyme • *circa* 1900

Boîte cylindrique en métal présentant sur la zone un motif repoussé à décor floral. Diam. : 7,4 cm.

200-300 F

XII.12 ◆ Lasègue • *Origan*

Boîte cylindrique cartonnée décorée sur l'ensemble de la robe de lapins blancs gambadant dans l'herbe haute. Fond rouge vif. Diam. : 7,2 cm.

300-400 F

PLANCHE XIII

XIII.1 ◆ Poudre Béguinette

Boîte cylindrique cartonnée à décor romantique. Une guirlande polychrome se déroule en ceinture sur l'âme titrée sur un côté. Un vase antique garni d'un bouquet de fleurs illustre le centre de la zone. Diam. : 6,4 cm.

200-300 F

XIII.2 ◆ Bourjois • *Lilium*

Boîte cylindrique unie de couleur marron foncé, illustrée en relief sur la zone d'une fleur de lis épanouie sur fond losangé. Diam. : 8,1 cm.

200-300 F

PLANCHE XI

1

2

3

4

5

6

7

8

9

10

11

12

PLANCHE XII

1

2

3

4

5

6

7

8

9

10

11

12

PLANCHE XIII

1

2

3

4

5

6

7

8

9

10

11

12

PLANCHE XIV

1

2

3

4

5

6

7

8

9

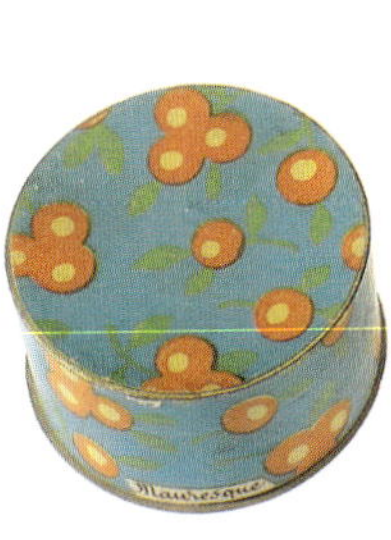

10

11

12

XIII.3 ◆ CARON • *Le narcisse*

Boîte cylindrique cartonnée illustrée de branches de narcisses fleuries sur fond rayé vert et blanc. Diam. : 8,4 cm.

500-600 F

XIII.4 ◆ J. LESQUENDIEU • *La reine des crèmes*

Boîte cartonnée de section carrée, coins arrondis, tapissée d'une imitation de peau de chagrin bleu marine ornée de frises frappées dorées. Une étiquette titrée ornée d'un portrait monochrome, représentant probablement le parfumeur, illustre le centre de la zone. Long. : 8 cm.

XIII.5 ◆ GELLÉ & FRÈRES • *Violettes de Parme*

Boîte cartonnée d'assise rectangulaire à décor romantique à dominante ivoire. Un motif central à la violette décore la zone dans un encadrement de guirlandes dorées retombant sur la partie supérieure de l'âme. Diam. : 8,4 cm.

300-400 F

XIII.6 ◆ GELLÉ & FRÈRES • *Cherissime*

Boîte cartonnée de section carrée, drageoire et zone saillantes. Décor floral 1900, dans le goût d'Alphonse Mucha. Diam. : 8,2 cm.

400-500 F

XIII.7 ◆ DŒUVRE • *Poudre de beauté*

Boîte cylindrique cartonnée unie bleu roi, titrée sur la zone dans un encadrement doré. Drageoire saillante brune. Diam. : 6,5 cm.

200-300 F

XIII.8 ◆ DŒUVRE • *Poudre de beauté*

Boîte cylindrique cartonnée blanche, les arêtes rehaussées de filets bleus. Titrée sur la zone dans un encadrement doré. Diam. : 5 cm.

150-200 F

XIII.9 ◆ L.T. PIVER • *Rêve d'or*

Boîte cartonnée cylindrique décorée de motifs lobés en léger relief. La zone est titrée dans un encadrement curviligne bleu marine sur fond doré. Une découpe bleu marine illustre la partie inférieure de l'âme. Diam. : 7,1 cm.

500-600 F

XIII.10 ◆ ROGER & GALLET • *Le Jade* Décor dit « aux perruches vertes »

Boîte cartonnée d'assise rectangulaire tapissée du célèbre décor « aux perruches vertes » vert et or sur fond noir. L. : 12 cm.
D'après un dessin de René Lalique.

2 500-3 000 F

XIII.11 ◆ JEAN PATOU • *Joy*

Boîte cylindrique cartonnée ornée d'un revêtement glacé noir, titré en ceinture et siglé au centre de la zone. Les arêtes sont rehaussées d'un filet doré. Diam. : 9,7 cm.

200-300 F

XIII.12 ◆ BIETTE • *Parfum madame*

Boîte cartonnée de section carrée, coins arrondis, décoré au centre de la zone d'une portrait féminin polychrome dans un encadrement de style Louis XVI.

400-500 F

PLANCHE XIV

XIV.1 ◆ GELLÉ & FRÈRES • *Fleurs subtiles*

Boîte cylindrique cartonnée harmonieusement décorée d'anémones épanouies sur fond vert mousse. Titrée sur la zone. Diam. : 6,2 cm.

300-400 F

XIV.2 ◆ LEICHNER BEAUTY SET (Angleterre)

Boîte cylindrique extra plate rouge vif, un filet doré ceinture la zone titrée sur fond or. Diam. : 8,4 cm.

200-300 F

XIV.3 ◆ MARJA • *À la corbeille royale*

Boîte cartonnée de section rectangulaire à dominante rouge vif ornée de fleurs stylisées. La zone titrée est illustrée d'une jeune femme penchée sur des fleurs coupées retenues dans ses mains. L. : 6,7 cm.

200-300 F

XIV.4 ◆ ROGER & GALLET • *Velouté santal*

Boîte cylindrique cartonnée à dominante jaune illustrée d'un décor 1900. Titrée et rehaussée d'un feuillage vert sur la zone. Diam. : 7,4 cm.

600-700 F

XIV.5 ◆ GIRAUD FILS • *Folavril*

Boîte cylindrique cartonnée illustrée de danseuses évoluant dans un décor de pommiers en fleur. Diam. : 7,3 cm.

200-300 F

XIV.6 ◆ D'ORSAY

Boîte cylindrique cartonnée revêtue d'un papier uni grainé crème. Diam. : 7,3 cm.

100-150 F

XIV.7 ◆ YAMILÉ

Boîte cylindrique cartonnée à décor or et noir d'herbes coupées, ponctué de fleurs stylisées rehaussées de rouge. Diam. : 7,4 cm.

300-400 F

XIV.8 ◆ VIVAUDOU • *Mavis*

Boîte cylindrique cartonnée à dominante rouge, laissant apparaître, dessinés à l'or, de gros nuages survolés par des hirondelles de part et d'autre de la robe. Titrée sur l'âme. Diam. : 7,4 cm.

200-300 F

XIV.9 ◆ SAUZÉ FRÈRES • *Aroma*

Boîte cylindrique cartonnée à décor asymétrique de larges fleurs stylisées. Diam. : 7,8 cm.

300-400 F

XIV.10 ◆ Ghyska • *Origan*

Boîte cylindrique cartonnée à décor de grappes de groseilliers sur fond turquoise. Diam. : 5,2 cm.

200-300 F

XIV.11 ◆ G. Lemoine • *Héliotrope blanc*

Boîte cylindrique cartonnée laissant apparaître un décor jaune d'or représentant des branches de millepertuis en fleur sur fond bleu marine. Diam. : 7,6 cm.

400-500 F

XIV.12 ◆ Giraud fils • *Odorantis*

Boîte cylindrique cartonnée présentant un fond argenté agrémenté de fleurettes. La zone est titrée au centre sur fond marine dans un décor rayonnant. Diam. : 7,2 cm.

200-300 F

PLANCHE XV

XV.1 ◆ Activa

Boîte cylindrique cartonnée à décor de fleurs stylisées fushia réparties sur toute la surface de la robe. Diam. : 7,4 cm.

300-400 F

XV.2 ◆ Egizia • *La ducale*

Boîte cylindrique cartonnée illustrée sur la zone titrée, d'attributs pharaoniques. Une psychostasie ceinture l'âme. Diam. : 7,6 cm.

400-500 F

XV.3 ◆ Lancôme • *Velours*

cf. vente Corbeil Juin 91 (48)

XV.4 ◆ GUELDY • *Antar*

Boîte cartonnée de section carrée. La robe est habillée d'une imitation de peausserie naturelle. Une étiquette pastille titrée, dorée gaufrée orne le centre de la zone. L. : 5,6 cm.

300-400 F

XV.5 ◆ RIMMEL

Boîte de section carrée, coins arrondis, décorée en relief sur la zone d'une branche de mimosa. Patine anthracite, rehaussée de jaune. L. : 7,1 cm.

300-400 F

XV.6 ◆ L.T. PIVER • *Le trèfle incarnat*

Boîte cartonnée de section carrée. La robe est revêtue d'un papier imprimé à fleurs, une étiquette titrée est disposée au centre de la zone. L. : 7 cm.

300-400 F

XV.7 ◆ ROGER & GALLET • *Velouté à la violette*

Boîte cylindrique cartonnée gris perle, titrée en lettres argentées sur toute la surface de la zone. Diam. : 7,9 cm.

200-300 F

XV.8 ◆ BIENAIMÉ • *Fleurs d'été*

Boîte cylindrique cartonnée décorée sur la zone d'un bouquet de fleurs polychromes. Diam. : 7,4 cm.

150-200F

XV.9 ◆ ROGER & GALLET • *Velouté de lis*

Boîte cylindrique cartonnée gris perle, titrée en lettres argentées sur toute la surface de la zone. Diam. : 7,9 cm.

200-300 F

XV.10 ◆ BIENAIMÉ • *Filpas compact*

Boîte cylindrique cartonnée rose saumon, ornée au centre de la zone d'un profil grec en grisaille. Diam. : 8,4 cm.

150-200 F

XV.11 ◆ SAUZÉ • *Lauris*

Boîte cartonnée de section carrée revêtue d'une imitation de peausserie grainée rouge foncé, frappée au centre de la zone du nom du parfumeur et du titre. L. : 8,1 cm.

200-300 F

XV.12 ◆ HARRIET HUBBARD AYERS • *Belle coquette*

Boîte cartonnée de section carrée blanche, titrée en lettres dorées sur la zone, autour d'un profil féminin en relief. L. : 6,3 cm.

200-300 F

PLANCHE XVI

XVI.1 ◆ GUY • *Princia violetta*

Boîte cylindrique cartonnée décorée de frises florales. La zone titrée est ornée d'un profil féminin. Diam. : 6,4 cm.

200-300 F

XVI.2 ◆ LORENZY PALANCA • *Nymphéa*

Boîte cartonnée de section carrée, coins arrondis, titrée sur la zone dans un médaillon turquoise. L. : 4,2 cm.

150-200 F

XVI.3 ◆ DORIN • *Aux fleurs des Indes*

Boîte cylindrique cartonnée rose pâle, soulignée de filets dorés et décorée sur toute la zone d'un bouquet polychrome. Diam. : 6,5 cm.

700-800 F

XVI.4 et 5 ◆ PARFUMS BIETTE

Boîtes à poudre cylindriques figurant un décor stylisé argenté. Titrées au centre de la zone.

200-300 F l'une

XVI.6 ◆ Félix Boissard • *Chère amie inconnue*

Boîte cylindrique étamée. La zone est titrée et décorée d'un motif repoussé représentant une jeune femme évoluant avec grâce. Diam. : 7,7 cm.

200-300 F

XVI.7 ◆ L.T. Piver • *Gao*

Boîte cylindrique laquée rouge représentant une fleur épanouie au centre de la zone. L'âme est ornée d'une frise en ceinture. Diam. : 7,1 cm.

400-500 F

XVI.8 ◆ Rimmel

Boîte cylindrique étamée ornée sur la zone en repoussé d'un chrysanthème épanoui. Une double frise décore l'âme en ceinture.
Diam. : 7,4 cm.

300-400 F

XVI.9 ◆ Diadermine

Boîte cylindrique cartonnée bleue, titrée sur l'âme en ceinture et en demi-lune sur la zone. Diam. : 8 cm.

250-300 F

XVI.10 ◆ Bruno Court (Grasse) • *Poudre concentrée Jasmin*

Boîte cartonnée de section ovale vert pâle, les arêtes soulignées de filets dorés. Une étiquette de scellement titrée est apposée sur un point d'ouverture.

300-400 F

XVI.11 ◆ Denyse

Boîte cartonnée de section rectangulaire, illustrée sur la zone d'une femme coiffée d'un imposant chignon dans un décor géométrique à dominante bleue. L. : 9,4 cm.

500-700 F

PLANCHE XVII

XVII.1 ◆ GELLÉ & FRÈRES • *Chypre*

Boîte cylindrique cartonnée décorée d'un motif losangé sur fond doré. Une réserve bleu foncé titrée orne le centre de la zone. Diam. : 7,1 cm.

100-200 F

XVII.2 ◆ ROGER & GALLET • *Fugue*

Boîte cylindrique cartonnée à dominante claire, décorée sur la zone d'un large quadrillage. Un pot de fleurs rehaussé de rouge orne le centre de la zone. Un motif de vague ceinture la partie inférieure de l'âme. Diam. : 7,1 cm.

200-300 F

XVII.3 ◆ D'ORSAY • *Duo*

Boîte cylindrique cartonnée ornée d'un motif losangé doré, ponctué de touches bleues. Titrée en réserve en partie basse de l'âme. Diam. : 7,7 cm.

200-300 F

XVII.4 ◆ DANA • *Émir*

Boîte cylindrique cartonnée, revêtue d'une imitation de tissu suédine, titrée au centre de la zone dans une réserve argentée. Diam. : 8,8 cm.

100-150 F

XVII.5 ◆ ROGER & GALLET

Boîte cylindrique hérissée d'un décor collier de chien sur toute la surface de la robe. Réserve au centre de la zone revêtue du monogramme du parfumeur. Diam. : 8,2 cm.

200-300 F

XVII.6 ◆ LENTHÉRIC • *Risque tout*

Boîte cylindrique cartonnée revêtue d'un papier tramé à chevrons, les arêtes soulignées d'un filet brun. La zone est titrée au centre. Diam. : 7 cm.

150-200 F

PLANCHE XV

1

2

3

4

5

6

7

8

9

10

11

12

PLANCHE XVI

1

2

3

4

5

6

7

8

9

10

11

XVII.7 ◆ ROGER & GALLET • *Cigalia*

cf. vente Drouot (mai 92) et Toulouse (mars 94).

XVII.8 ◆ BOURJOIS • *Soir de Paris*

Boîte cylindrique cartonnée bleu nuit constellée d'étoiles argentées. L'âme est illustrée en ceinture d'une suite des principaux monuments de Paris. Titrée au centre de la zone et en partie inférieure de l'âme. Version tardive.

100-150 F

XVII.9 ◆ FORVIL • *Les anémones*

Boîte cylindrique en métal chromé, décorée en creux et patinée au centre de la zone du sigle du parfumeur. Titrée sous l'assise.

400-500 F

XVII.10 ◆ VIGNY • *Heure intime*

Boîte cartonnée cylindrique bleu pâle, les arêtes soulignées de filets argentés. Un écusson couronné illustre le centre de la zone, titrée.

100-150 F

PLANCHE XVIII

XVIII.1 ◆ ANONYME

Boîte à poudre en céramique vernissée.

500-600 F

XVIII.2 ◆ ANONYME

Boîte à poudre surmontée d'une marquise en porcelaine enjuponnée.

600-800 F

XVIII.3 ◆ COTY

Poudrier de sac en laiton laqué, à décor de houppettes voltigeantes. D'après un dessin de René Lalique.

150-300 F

XVIII.4 ◆ ARYS • *Un jour viendra*

cf. vente Corbeil Juin 91.

XVIII.5 ◆ G. BOSSY • *Pétale-lis*

Boîte cartonnée de section rectangulaire, les angles tronqués, les arêtes soulignées de filets dorés. Une étiquette titrée, dorée et gaufrée traverse en diagonale la zone. L. : 6,1 cm.

300-400 F

XVIII.6 ◆ DORIN • *La dorine*

Boîte cylindrique cartonnée, titrée sur l'ensemble de la zone.
Diam. : 4,1 cm.

150-200 F

XVIII.7, 8 et 9 ◆ ANONYME

Trois boîtes à poudre surmontées d'une marquise à l'éventail. Décors à l'huile peints à la main.

300-400 F l'une

XVIII.10 ◆ HELENA RUBINSTEIN • *Évolution Valaze*

Boîte cartonnée cylindrique ornée d'un papier doré gaufré formant un motif quadrillé. Titrée sur la zone. L. : 7,4 cm.

400-500 F

XVIII.11 ◆ F. MILLOT • *Crêpe de Chine*

Boîte cylindrique cartonnée blanche avec pour seul décor une rose sur tige dorée au centre de la zone. Diam. : 9,3 cm.

150-200 F

XVIII.12 ◆ FORVIL • *À vos ordres*

Boîte cartonnée de section carrée, illustrée de miroirs à mains de différentes formes répartis sur toute la surface de la robe. Fond vert.
L. : 6,4 cm.

400-500 F

PLANCHE XIX

XIX.1 ◆ YASMINE

Boîte cylindrique cartonnée décorée à l'imitation de la dentelle. La partie inférieure de l'âme est ceinturée d'une bande jaune titrée.
Diam. : 5,8 cm.

200-300 F

XIX.2 ◆ COTY • *L'origan*

Boîte cylindrique cartonnée, illustrée d'une envolée de houppettes montées sur une frise dorée gaufrée. Fond bleu ciel poudré d'or.
Diam. : 8,7 cm.
D'après un dessin de René Lalique.

200-300 F

XIX.3 ◆ GELLÉ & FRÈRES • *Fougère*

Boîte cylindrique cartonnée décorée d'un motif losangé sur fond doré. Le centre de la zone est titré en réserve bleu foncé. Diam. : 7,2 cm.

100-200 F

XIX.4 ◆ ARYS • *Un jour viendra*

cf. vente Corbeil Juin 91.

XIX.5 ◆ NINON • *Duvet de Ninon*

Boîte cylindrique cartonnée décorée sur l'ensemble de la robe de médaillons ovales perlés à décor de chérubins et de sujets féminins. Sur le fond rose foncé serpente un sautoir de perles. Diam. : 7,4 cm.

500-600 F

XIX.6 ◆ DR PIERRE • *Docteur Pierre*

Boîte cylindrique cartonnée tapissée d'un imprimé de style empire à fond blanc, décoré d'abeilles dorées. Une frise à palmettes ceinture la partie inférieure de la zone. Diam. : 8,1 cm.

150-200 F

XIX.7 ◆ Lajoie

Boîte cylindrique en métal blanc doré. Un profil titré illustre le centre de la zone.

80-120 F

XIX.8 ◆ Caron • *Collier de chien*

Boîte cylindrique décorée sur l'âme d'un relief hérissé doré à l'image d'un collier de chien. Le centre de la zone est titré Caron en lettres dorées.

600-700 F

XIX.9 ◆ Vichy

Boîte cylindrique en bakélite blanche décorée en relief au centre de la zone d'une silhouette féminine en pied à sa toilette, sigle de la maison. Drageoire saillante formant un filet noir.

150-200 F

XIX.10 ◆ Lenthéric • *Orkilia*

Boîte cylindrique en métal laqué bicolore. Décor sur la zone en ceinture d'un motif géométrique en métal poli. Diam. : 6,9 cm.

300-400 F

XIX.11 ◆ Nildé

Boîte cylindrique cartonnée décorée d'un papier rayé rouge et or. Une frise agrémente la ceinture de la zone et la partie supérieure de l'âme. Titrée au centre de la zone. Diam. : 10 cm.

300-400 F

PLANCHE XX

XX.1 et 2 ◆ *Figurine* • 1925

XX.3 ◆ ROGER & GALLET • *Poudre Némora*

Boîte cartonnée de section carrée, coins arrondis à décor gaufré représentant des guirlandes de feuilles de chênes. Titrée sur la zone sur fond doré.

500-600 F

XX.4 ◆ *Figurine* • 1925

XX.5 ◆ COTY • *Poudre de toilette*

Boîte cylindrique cartonnée, illustrée en ceinture de la zone d'une perspective de la place Vendôme. Un blason entouré de lauriers illustre le centre de la zone.

600-700 F

XX.6 ◆ *Figurine* • 1925

XX.7 ◆ RIGAUD • *Rodoll*

Boîte cylindrique cartonnée présentant un décor polychrome stylisé.

200-300F

XX.8 ◆ HARMELLE • *Sortilège*

Boîte cartonnée de section carrée, unie, illustrée au centre de la zone d'une étiquette polychrome titrée.

150-200 F

XX.9 ◆ VITALIA • *Bois de Boulogne*

Boîte cylindrique cartonnée à dominante vert pâle illustrée d'un paysage arboré.

200-300 F

XX.10 ◆ *Figurine* • 1925

Bibliographie

Histoire des Perruques – J.-Baptiste Thiers, 1777.

Manuel du cartonnier, du cartier et du fabricant de cartonnages, suivi d'un vocabulaire des termes techniques – M. Lebrun, membre de plusieurs sociétés savantes. Librairie de Roret, rue Hautefeuille, 1830.

René Lalique, maître verrier, Félix Marcilhac, Édition de l'Amateur d'Art.

Les adresses utiles

Quelques boutiques spécialisées

Verarose – 1, rue des Pyramides, 75001 Paris.

Beauté Divine – 40, rue Saint Sulpice, 75006 Paris.

Passionléron – 52, rue de la République, 17310 Saint-Pierre d'Oléron.

Circé Aea – Marché Malassis, 142, rue des Rosiers, 93400 Saint-Ouen, 1er ét. Stand 163.

Lancier – 17, avenue Montrose, 06400 Cannes.

Les salons, expositions et musées

Salons annuels Parfum Art et Valeur : Toulouse (31) et Poissy (78).

Exposition itinérante : Hymne au parfum – Comité français du parfum.

Exposition permanente : Château de la promenade des parfums. Chamerolles 45170 Chilleurs aux Bois.

Musée de Grasse – 8, place de Cours, 06 Grasse.

Musée Fragonard – 9, rue Scribe, 75009 Paris.

Muséu del perfume Régia – 39, passeig de Gracia, Barcelone, Espagne.

Musée de La Rochelle – M. et Mme Seris.

La presse spécialisée sur abonnements

Magazine *Parfum Art et Valeur* (bimestriel)
Abonnements : 9, place Lafourcade, 31400 Toulouse.

Design Collection (mensuel)
Abonnements : 55, rue de Bellevue, 92260 Fontenay-aux-Roses.

La presse spécialisée en kiosques

Aladin (mensuel)

Enchères magazine (mensuel)

Le Collectionneur français (mensuel)

La Vie du Collectionneur (bimensuel)

Trouvailles (mensuel)

Les ventes aux enchères. Études spécialisées

Paris – Drouot – Étude Coutau Bégarie, 8, rue St-Marc, 75002 Paris.

Corbeil Essonnes – Étude Bonduelle Lancry, 10, quai de l'Essonne, 91100 Corbeil-Essonnes.

Marseille – Hôtel des Ventes Chave Jean Martin – Me Fleck, 10, rue Jean Martin, 13005 Marseille.

PLANCHE XVII

1

2

3

4

5

6

7

8

9

10

1

2

3

4

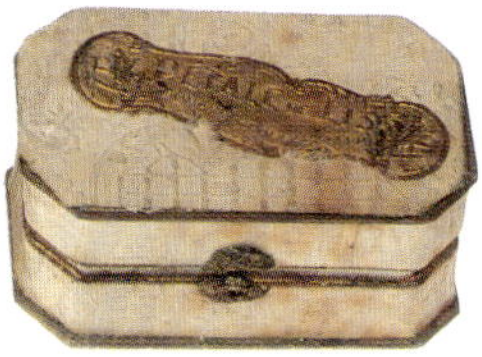

5

6

7

8

9

10

11

12

1

2

3

4

5

6

7

8

9

10

11

PLANCHE XX

1

2

3

4

5

6

7

8

9

10

Remerciements

Monsieur Georges Vindry, conservateur du musée de Grasse et initiateur du musée international de la Parfumerie a accepté d'écrire la préface de cet ouvrage. Je l'en remercie et lui témoigne toute mon admiration pour ses connaissances intarissables et pour l'immense mission, guidée par le savoir et l'intuition, qu'il a accomplie dans sa merveilleuse fonction de conservateur de musée.

Je remercie Monsieur Félix Marcilhac qui a mis à ma disposition les documents photographiques relatifs à l'œuvre de René Lalique ainsi que les documentalistes de la Bibliothèque Forney et Monsieur Freddy Ghozland qui m'ont aidé dans mes recherches bibliographiques.

Le musée de la Parfumerie de Grasse détient une somptueuse collection de boîtes à poudre qui ne sont pas encore exposées au public et qui constituent la majeure partie iconographique de cet ouvrage. Je remercie Madame Marie-Christine Grasse, conservateur du musée de la Parfumerie de Grasse qui m'a permis d'accéder à cette collection ainsi que Madame Lasson qui nous a accueilli et guidé dans les prises de vues. Le musée de la Parfumerie de Grasse reste le plus haut lieu en France, où sont exposées les pièces les plus exceptionnelles qui témoignent à travers les temps du prestige de la parfumerie.

Je remercie chaleureusement, Madame Dominique Chauvet qui avec le talent habituel et une disponibilité admirable a réalisé l'intégralité des photos couleur de cet ouvrage.

Je remercie enfin les collectionneurs qui m'ont permis de photographier les boîtes à poudre en leur possession et tout particulièrement Madame Michèle Cabut, Monsieur Louis Bénazet et Monsieur Arnaud Biette.

Table des matières

Crédit photographique :

Collection Geneviève Fontan : Pl. I 1, 2, 3 / Pl. II 1, 8, 10, 12 / Pl. IV 8, 10 / Pl. XVII 9 / Pl. XIX 9. Collection Musée de la Parfumerie de Grasse : Pl. I 5, 6, 7, 8 / Pl. III 4 à 12 / Pl. VI 4, 5, 6, 10, 11, 12, 13, / Pl. VII 1 à 9 / Pl. VIII 1 à 12 / Pl. IX 1 à 12 / Pl. X 1 à 12 / Pl. XI 1 à 12 / Pl. XII 1 à 12 / Pl. XIII 1 à 11 / Pl. XIV 1 à 12 / Pl. XV 1 à 12 / Pl. XVI 1, 2, 3, 6, 7 à 11 / Pl. XVII 1 à 6 / Pl. XVIII 1 à 12 / Pl. XIX 1 à 6, 10, 11. Collections privées : Pl. I, 4 / Pl. IV 7, 11 / Pl. XVII 7. – Pl. II 1, 3, 4, 5, 6, 7, 9 / Pl. III 1, 2, 3 / Pl. IV 1 à 6, 9, 12 / Pl. V 1 à 11 / Pl. VI 1, 2, 3, 7, 8, 9 / Pl. VII 10, 11, 12 / Pl. XVII 8, 10. – Pl. XIX 7, 8. – Pl. XIII 12 / Pl. XVI 4, 5.

DANS LA COLLECTION PARFUMS
dirigée par F. GHOZLAND

G. Fontan et N. Barnouin, *L'Argus des échantillons de parfum*, 1992.

G. Fontan et N. Barnouin, *Parfums d'exception. Enchères internationales des flacons de parfum*, 1993.

Conception, réalisation :
PETITS PAPIERS
Achevé d'imprimer
sur les presses des
Imprimeries Fournié
en mai 1994.
Dépôt légal ; mai 1994.